Stephen F. Austin

El padre de Texas

Harriet Isecke

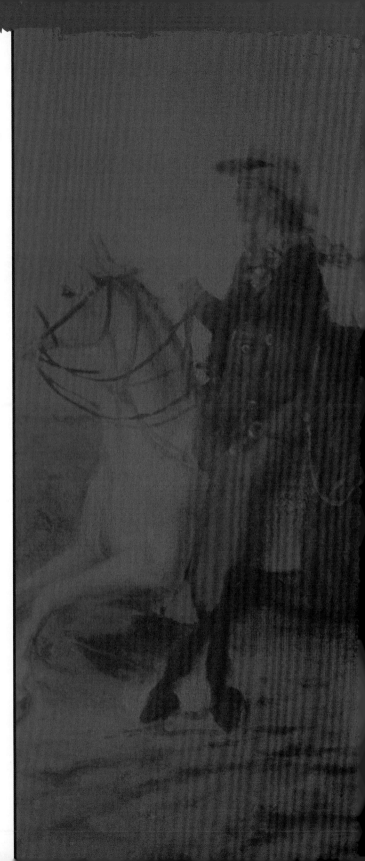

Consultora

Devia Cearlock
Especialista en estudios sociales de jardín
de niños a 12.° grado
Amarillo Independent School District

Créditos de publicación

Dona Herweck Rice, *Jefa de redacción*
Conni Medina, *Directora editorial*
Lee Aucoin, *Directora creativa*
Marcus McArthur, Ph.D., *Editor educativo asociado*
Neri García, *Diseñador principal*
Stephanie Reid, *Editora de fotografía*
Rachelle Cracchiolo, M.S.Ed., *Editora comercial*

Créditos de imágenes:
Tapa State Preservation Board, Austin (Texas) y
Bridgeman Art Library; pág. 1 State Preservation
Board, Austin (Texas); págs. 1–2 Bridgeman Art
Library; pág. 4 The Granger Collection; pág. 5 North
Wind Picture Archives, (lateral) Brazoria County
Historical Museum; pág. 6 Tom Hogenmiller/Flickr;
págs. 7, 8 North Wind Picture Archives; pág. 9 History
Pictures; pág. 10 Corbis; pág. 11 (arriba) The Granger
Collection, (abajo) University Of Texas; pág. 12 Alamy;
pág. 13 State Preservation Board, Austin (Texas); pág.
14 Kameron K. Searle; pág. 15 The Granger Collection;
pág. 16 (arriba) Newscom; pág. 16 (abajo) Jaontiveros/
Wikimedia; pág. 17 Perry–Castañeda Library Map
Collection, University of Texas at Austin; pág. 18
Newscom; pág. 19 Newscom, (lateral) Joseph–Siffred
Duplessis [dominio público]; pág. 20 Alamy; pág. 21
The Granger Collection; pág. 22 (izquierda) Newscom,
(derecha) iStockphoto; pág. 23 Dolph Briscoe Center
for American History, The University of Texas at Austin;
pág. 25 Gonzales Memorial Museum; pág. 26 The
Granger Collection; pág. 27 Bridgeman Art Library;
pág. 28 State Preservation Board, Austin (Texas); pág.
29 Angela Orlando/Flickr; todas las demás imágenes
de Shutterstock.

Teacher Created Materials
5301 Oceanus Drive
Huntington Beach, CA 92649-1030
http://www.tcmpub.com
ISBN 978-1-4333-7212-4
© 2013 Teacher Created Materials, Inc.

Tabla de contenido

El joven Austin.. 4–7

Una nueva colonia 8–15

La ley y el orden..16–17

Los masones 18–19

Aumenta la tensión 20–23

La Revolución de Texas 24–27

El padre de Texas 28–29

Glosario 30

Índice... 31

¡Es tu turno!.. 32

El joven Austin
Futuro emprendedor

Stephen Fuller Austin nació en una familia de **emprendedores**. Los emprendedores son personas audaces que inician una empresa. Austin asumió uno de los mayores riesgos de la historia estadounidense. Inició la primera **colonia** estadounidense en Texas.

Austin era hijo de Moses y Mary Austin. Nació en Virginia el 3 de noviembre de 1793. Su padre, a quien llamaban *Lead King*, el rey del plomo, tenía una mina de plomo.

Aunque la mina funcionaba bien, Moses tenía deudas. Pronto la mina quebró. Los Austin se desplazaron hacia el oeste para empezar de cero. Fueron al sudeste de Misuri, donde el plomo era más abundante.

Austin, Texas, 1840

Moses Austin

Stephen F. Austin

Padre industrial

Moses Austin era un empresario **innovador**. A Moses no le daba miedo probar ideas y métodos nuevos. Pidió consejo a expertos de las minas de plomo inglesas para modernizar sus minas. Su iniciativa impulsó la industria del plomo en Estados Unidos.

La familia Austin

Moses y Mary Austin tuvieron cinco hijos, pero solo tres llegaron a adultos. Stephen Fuller era el hijo mayor. Una hija, Emily, nació en 1798. Otro varón, James Elijah, nació en 1803.

Moses inició otra empresa minera. Fundó la ciudad de Potosí, Misuri. Los Austin eran una familia acaudalada e importante. Enviaron al joven Austin a un internado. Moses le decía a su hijo que estudiara mucho y trabajara en pos de la excelencia. Pero no tenía ni idea de que a su hijo se le conocería como el padre de Texas.

El negocio familiar

Tras terminar sus estudios, Austin volvió a Misuri. Empezó a trabajar en el negocio minero familiar. Fue elegido representante de la asamblea legislativa de Misuri. La asamblea legislativa redactaba las leyes de la zona.

En 1819 se produjo la primera **crisis económica** de Estados Unidos. Se le denominó el *Pánico de 1819*. Para reactivar la economía, el padre de Austin ayudó a fundar al banco de San Luis. Invirtió la fortuna familiar en el banco. Sin embargo, este fracasó. Los Austin lo perdieron casi todo.

la casa de Austin en Misuri

Tiempos difíciles

El Pánico de 1819 fue la primera crisis económica importante de Estados Unidos. Europa empezó a comprar cada vez menos alimentos estadounidenses. El gobierno había tomado prestado demasiado dinero. El sistema bancario fracasó. Pero después de cuatro años, la economía mejoró.

Presentar una solicitud

Austin había solicitado tierras cerca de la actual Little Rock, Arkansas. Para obtener tierras en aquella época bastaba con vivir y realizar mejoras en ellas. Austin no se dio cuenta de que otra persona también había solicitado esas tierras.

Austin pensaba hacerse cargo del negocio familiar. Pero ahora ya no había ningún negocio. A los 27 años de edad tuvo que empezar de cero. Austin se mudó a Arkansas. Solicitó tierras cerca de la actual Little Rock.

En Arkansas Austin tuvo muchos trabajos diferentes. Participó en las elecciones al congreso estadounidense, pero no ganó. Lo nombraron juez local, pero este trabajo no le duró mucho. Al resultar Little Rock elegida como capital del estado, Austin esperaba sacar **provecho** de sus tierras. En vez de eso, el tribunal decidió que las tierras no eran suyas y no podía venderlas. Se trató de un nuevo tropiezo para Austin. Sin embargo él estaba decidido a triunfar.

Una nueva colonia
El último deseo

En 1820 Austin se mudó a Luisiana. Estudió para ser abogado. En ese momento el padre de Austin, Moses, trataba de solucionar sus problemas económicos. Creía que salvaría la fortuna familiar si fundaba una colonia estadounidense en Nueva España. Nueva España era el territorio situado al sur de Estados Unidos. Era de España, pero pocos españoles vivían en la zona. No era una zona segura. Los colonos tenían poca protección frente a los asaltos de los indígenas americanos. Por ello, España invitó a los estadounidenses a asentarse en ese territorio.

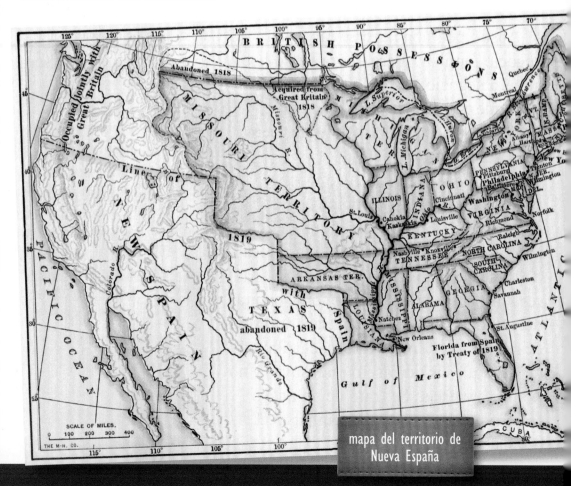

mapa del territorio de
Nueva España

En 1821 Moses viajó a Texas. Quería obtener permiso para fundar una colonia. El **jefe de correos** español, Juan Erasmo Seguín, le otorgó una **concesión de tierras**. Moses podía llevar a 300 familias **angloamericanas** a Texas. Pero en el viaje de vuelta a casa Moses enfermó. Murió pocos meses después.

Austin dudaba de que la idea de su padre de fundar una colonia en Texas fuese buena. Sin embargo, el último deseo de Moses fue que su hijo se hiciera cargo de las tierras. Austin no podía decir que no.

Otros colonos texanos

Hubo muchos colonos texanos importantes antes de los Austin. José de Escandón ayudó a colonizar el sur de Texas. Damián Massanet fundó la primera misión española en el este de Texas. Y Martín De León fue el único **empresario** mexicano que fundó una colonia en Texas.

Amor de hijo

Austin quería mucho a su padre. Escribió lo siguiente sobre la muerte de este: *"Esta noticia me ha afectado mucho. Fue uno de los padres más sensibles y cariñosos que han existido. Sus defectos, lo digo ahora como siempre lo he dicho, no eran del corazón".*

Stephen F. Austin

Hacia adelante

Poco después de la muerte de su padre Austin se dirigió a San Antonio. Necesitaba permiso para tomar las tierras cedidas a su padre. Supo que México había declarado su independencia o libertad de España. Texas ya no era española. Ahora era territorio mexicano.

Austin continuó con su misión. El gobernador español permitió a Austin tomar las tierras. Entonces Austin exploró la costa del golfo. Buscaba una buena ubicación para su colonia. Eligió la tierra entre los ríos Colorado y Brazos.

Austin promocionó la nueva colonia por todo el país. El precio de la tierra allí era de 12.5 centavos por acre. Dado que las tierras del resto del país costaban 1.25 dólares por acre, esto era barato.

Muchas personas respondieron. Pero Austin escogió cuidadosamente a sus colonos. Él sería policía y juez en la nueva colonia. Así que se aseguró de que esas personas fuesen honradas y trabajadoras.

Colonos uniéndose a la colonia de Austin.

Asuntos de propiedad

El gobierno español estableció la cantidad de tierras que Austin podía otorgar a los colonos. Un hombre casado obtendría 640 acres y 320 por su esposa. También podía solicitar 320 acres más por cada hijo y 80 por cada esclavo.

Los primeros 300

Los primeros colonos angloamericanos que siguieron a Austin a Texas se denominan los primeros 300. Se mudaron a la tierra situada entre los ríos Brazos y Colorado. La mayoría eran empresarios acaudalados del sur de Estados Unidos. Los colonos estadounidenses que vivían en la Texas mexicana se denominan *texians*.

concesión de tierras de Texas

Ranchos y agricultura

En 1823 México aprobó la ley general de colonización. Esta fomentaba los asentamientos en Texas. Se concedió a los rancheros una **legua** o 4,428 acres de pastizales. Los agricultores obtuvieron una **labor** o 177 acres de tierras de labranza. Casi todos los colonos se asentaron como rancheros y agricultores para obtener la mayor cantidad de tierras posible.

Grandes propiedades

Austin se ganaba 67,000 acres por cada 200 familias que trajera a Texas. Esto equivale a 104 millas cuadradas (269 km²). Austin asentó a más de 1,000 colonos en Texas. Para 1834 ya había conseguido 197,000 acres de tierras.

Mudanza a México

Los primeros colonos angloamericanos llegaron a Texas a finales de 1821. Pero Austin tenía un problema. México no continuó con la concesión de tierras españolas. Austin tuvo que ir a la Ciudad de México para tratar el asunto con el nuevo gobierno.

mapa a mano alzada de Austin de la provincia de Texas, cerca de 1822

Austin se prepara para luchar contra los indígenas en 1824.

Austin consiguió que México aprobara una nueva ley. Esta establecía el sistema de empresarios. Según este sistema, los hombres que iniciaban una colonia y llevaban colonos a Texas se convertían en empresarios. Cuantos más colonos llevara una persona, más tierras recibiría.

Austin tuvo que hacer muchas promesas en sus negociaciones con México. Prometió que los colonos acatarían la ley mexicana. Jurarían lealtad al rey de México. Aprenderían español. Y se convertirían a la religión católica romana.

En 1824 Austin consiguió que México aceptara a los colonos estadounidenses. Austin trabajó mucho para que los colonos triunfaran en Texas. Incluso los dirigió en las luchas contra los indígenas americanos hostiles. A cambio, los colonos mostraban gran respeto por su líder.

En medio de la disputa

Austin quería mantener contentos a los colonos. También intentaba mantener la paz con México. Pero no todos los empresarios siguieron su ejemplo. Haden Edwards era un agricultor acaudalado. Obtuvo una concesión de tierras para iniciar una colonia cerca de Nacogdoches, Texas. Sin embargo, parte de la tierra ya estaba ocupada. Edwards pidió a los propietarios que demostrasen que la tierra era suya. Les dijo que, si no lo hacían, deberían abandonar sus propiedades. Muchos colonos no estaban conformes.

En las primeras elecciones a alcalde de la colonia, Edwards perdió. Muchos colonos se quejaron de Edwards ante las autoridades mexicanas. México le retiró la concesión a Edwards. Lo **expulsaron** del país.

bandera de la República de Fredonia

Rangers de Texas

Los *Rangers* de Texas

En agosto de 1823 el gobierno mexicano le dio permiso a Austin para organizar un grupo de 10 voluntarios para proteger la colonia. Estos vigilarían la frontera y defenderían a los colonos de los ataques de los indígenas. Este nuevo cuerpo se denominó los *Rangers* de Texas. Y siguen velando por el cumplimiento de la ley en Texas.

Edwards se indignó por haber perdido el control de su colonia. Él y sus hombres encarcelaron al alcalde. Luego detuvieron al general del ejército mexicano local.

Después, Edwards inició una **rebelión**. Declaró que la colonia era independiente de México. La llamó la República de Fredonia. Pidió ayuda a Austin para luchar contra el ejército mexicano. Austin se negó. Por el contrario, Austin ayudó al ejército mexicano a poner fin a la rebelión.

Los rebeldes escapan

Los hombres de Austin se unieron a los mexicanos para poner fin a la rebelión de Fredonia. Pero nunca tuvieron que luchar. Para cuando los hombres de Austin llegaron a Fredonia, Edwards y sus hombres ya habían huido a Luisiana.

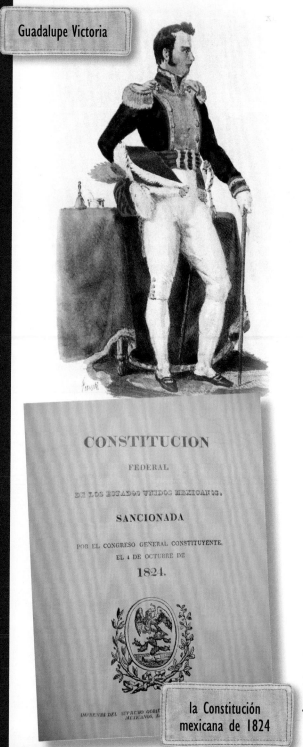

Guadalupe Victoria

CONSTITUCION

FEDERAL

DE LOS ESTADOS UNIDOS MEXICANOS.

SANCIONADA

POR EL CONGRESO GENERAL CONSTITUYENTE.

EL 4 DE OCTUBRE DE

1824.

la Constitución mexicana de 1824

La ley y el orden

Los colonos se enfrentaban con frecuencia a los ataques de los indígenas. Necesitaban protección. Pero México tenía poco dinero. No podía proteger a todas las personas. Así que permitió que los colonos formaran **milicias**. Las milicias son ejércitos de soldados civiles.

Austin lideró la milicia de su colonia. Tenía que mantener la ley y el orden. En enero de 1824 elaboró las leyes de la colonia. Estas fueron las primeras leyes angloamericanas de Texas.

También en 1824 México redactó su primera **constitución** o conjunto de leyes. Esta hizo de México una **república**. Tenía 19 estados y cuatro territorios. Se combinaron las tierras de Coahuila y Tejas o Texas. El nuevo estado se llamó *Coahuila y Tejas*.

El documento se basó en la Constitución de EE. UU. Estableció tres tipos de poderes. Eran el **ejecutivo**, el **legislativo** y el **judicial**. La religión oficial del estado pasó a ser la católica romana.

Algunas leyes beneficiaban a los colonos *texians*. Se les perdonaron las deudas con Estados Unidos. También se permitió a los estados redactar muchas de sus leyes.

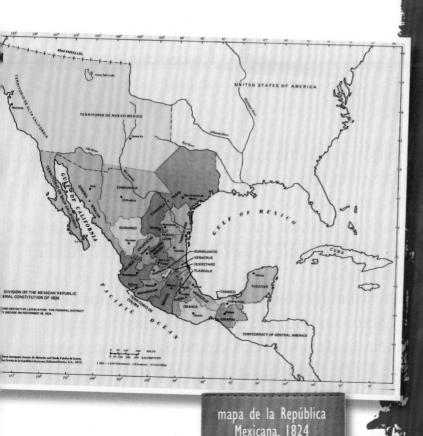

mapa de la República Mexicana, 1824

El primer presidente

En 1824 México se convirtió en Estados Unidos Mexicanos. El primer presidente fue Guadalupe Victoria. Él fue un buen dirigente. Estableció relaciones con muchos países, como Gran Bretaña, Estados Unidos y la República Federal de Centroamérica. Victoria también puso fin a la esclavitud en México. Además, promovió la educación y la cultura.

¡Bienvenidos a México!

Con la nueva constitución, el gobierno mexicano suavizó su política de **inmigración**. Acogieron a los colonos estadounidenses en las colonias de Texas. Esperaban que estos protegieran la zona frente a los ataques de los indígenas americanos.

Los masones

constituciones masónicas

Antes de mudarse a Texas, Austin se había unido a los masones. La masonería era una **hermandad** o club social. Su fin era promover la amistad, la fraternidad y la buena conducta. Se conocía a los masones por sus **rituales** y símbolos. Hoy en día hay masones en casi todos los países.

En 1828 Austin decidió crear un grupo de masones en Texas. Sabía que había masones en la Ciudad de México. Pidió permiso para crear un nuevo capítulo en Texas. Esperó mucho tiempo, pero nunca le respondieron.

Austin continuó con sus planes. Invitó a algunos amigos a unirse a la masonería. El grupo se reunió y eligió a sus dirigentes. Austin fue elegido líder del capítulo.

A México le preocupaba que los colonos de Texas crearan una sociedad secreta. Algunos temían que los masones intentaran lograr la independencia de Texas. Otros creían que el grupo iba en contra de las enseñanzas de la iglesia. Pronto México prohibió la masonería en Texas.

Austin respetó la decisión y acató la nueva ley. Anunció que el grupo dejaría de reunirse. Esto causó descontento en algunas personas. Pensaban que Austin debería haberse impuesto ante las autoridades mexicanas.

Benjamin Franklin

En buena compañía

A lo largo de la historia, muchos hombres célebres han sido masones. En la lista se encuentran personalidades importantes de la historia estadounidense, como Paul Revere, Benjamin Franklin y George Washington. Catorce presidentes estadounidenses han sido masones.

Muchas críticas

Siempre se ha criticado a los masones. Algunos estadounidenses no confiaban en el grupo. Se preguntaban si los masones serían tan secretistas porque tenían algo malo que esconder. Los grupos religiosos, como la iglesia católica romana, eran sus mayores **oponentes**. Estos grupos religiosos creían que las creencias masónicas atentaban contra las enseñanzas cristianas.

ritual masónico

Aumenta la tensión
La esclavitud en Texas

Para 1830 muchos colonos estadounidenses se asentaron en Texas. La mayoría provenían del sur de Estados Unidos. Los mexicanos temían que los estadounidenses se adueñasen de Texas.

Algunos colonos se llevaron a sus esclavos. La esclavitud era ilegal en México. Sin embargo, el contrato de empresario de Austin la permitía en Texas. A Austin no le gustaba la esclavitud. Pero sabía que muchos sureños no se mudarían a Texas sin sus esclavos. De los 1,800 colonos de la colonia de Austin en 1825, 443 eran esclavos.

Durante una década el gobierno mexicano amenazó con liberar a los esclavos de Texas. Al fin, la Ley del 6 de abril de 1830 prohibió la esclavitud en Texas. Esto aumentó el control mexicano sobre la zona. También prohibió a los estadounidenses mudarse a Texas.

esclavos recogiendo algodón

TO BE SOLD & LET

BY PUBLIC AUCTION,

On MONDAY the 18th of MAY. 1829,

UNDER THE TREES.

FOR SALE,

THE THREE FOLLOWING

SLAVES,

VIZ.

HANNIBAL, about 30 Years old, an excellent House Servant, of Good Character.
WILLIAM, about 35 Years old, a Labourer.
NANCY, an excellent House Servant and Nurse.

The MEN belonging to "LEECH'S" Estate, and the WOMAN to Mrs. D. SMIT

TO BE LET,

the usual conditions of the Hirer finding them in Food, Clothing and Medical Attendance,

THE FOLLOWING

MALE and FEMALE

SLAVES,

OF GOOD CHARACTERS.

ROBERT BAGLEY, about 20 Years old, a good House Servant.
WILLIAM BAGLEY, about 18 Years old, a Labourer.
JOHN ARMS, about 18 Years old.
JACK ANTONIA, about 40 Years old, a Labourer.
PHILIP, an Excellent Fisherman.
HARRY, about 27 Years old, a good House Servant.
LUCY, a Young Woman of good Character, used to House Work and the Nursery.
ELIZA, an Excellent Washerwoman.
CLARA, an Excellent Washerwoman.
FANNY, about 14 Years old, House Servant.
SARAH, about 14 Years old, House Servant.

Also for Sale, at Eleven o'Clock,

ne Rice, Gram, Paddy, Books, Muslins, Needles, Pins, Ribbons &c. &c.

AT ONE O'CLOCK, THAT CELEBRATED ENGLISH HORSE

BLUCHER,

ERNMENT.

anuncio de venta de esclavos

Alimentando la llama

El general mexicano Manuel de Mier y Terán envió a Juan Davis Bradburn a la ciudad texana de Anáhuac. Él debía hacer cumplir la Ley del 6 de abril de 1830. Recaudó los impuestos y se aseguró de que no se asentasen nuevos colonos. Los texanos detestaban a Bradburn.

Bradburn contribuyó a ello cuando se negó a enviar de vuelta con su amo a dos esclavos que habían huido. Luego detuvo a dos texanos injustamente.

Los texanos respondieron. En junio de 1832 unos 200 texanos fueron a Anáhuac. Capturaron a 19 de los hombres de Bradburn y tomaron el control de la ciudad. Estos hechos se conocen como los disturbios de Anáhuac.

La Ley del 6 de abril de 1830 indignó a muchos texanos. Muchos creían que necesitaban a los esclavos para trabajar en sus enormes propiedades. No querían pagar a ningún empleado. Según ellos la solución era crear el estado independiente de Texas. En la convención de 1833 los texanos redactaron una constitución para este futuro estado.

La detención de Austin

En la convención de 1833 se decidió que Austin presentaría la nueva constitución de Texas a las autoridades mexicanas. Austin llegó a la Ciudad de México en julio de 1833.

Pasó varios meses en la Ciudad de México intentando cambiar las cosas en Texas. Convenció al gobierno para **derogar** la Ley del 6 de abril de 1830. Pero el presidente mexicano, Antonio López de Santa Anna, se negó a convertir a Texas en un estado. Quería controlar Texas. No deseaba dar más libertad a los colonos estadounidenses.

En diciembre de 1833 Austin decidió volver a casa. Antes de llegar fue detenido por intento de rebelión. Las autoridades mexicanas lo encarcelaron en la Ciudad de México.

Antonio López de Santa Anna

CONSTITUTION

OR

FORM OF GOVERNMENT

OF THE

STATE OF TEXAS.

MADE IN GENERAL CONVENTION, IN THE TOWN OF SAN FELIPE DE AUSTIN,
IN THE MONTH OF APRIL, 1833.

Sam! Houston

PRINTED AT THE OFFICE OF THE COMMERCIAL BULLETIN.
NEW ORLEANS
1833.

constitución de 1833 para
el futuro estado de Texas

Stephen F. Austin

No se presentaron cargos contra Austin.
Su caso nunca fue a juicio. Lo pusieron
en libertad al año siguiente. Pero no le
permitieron salir de la ciudad. Al fin, a
principios de 1835, Austin pudo volver
a Texas.

Austin siempre había sido capaz de
resolver los conflictos entre Texas y México.
Sin embargo, sabía que no podría mantener
la paz siempre. Austin empezó a apoyar la
independencia de Texas.

El pacificador

Austin siempre
había actuado como
pacificador entre los
colonos estadounidenses
y el gobierno mexicano.
Pero esto se volvió más
difícil de lograr en la
década de 1830.

El gobierno mexicano
quería aumentar su
control sobre Texas. Los
colonos estadounidenses
querían más libertades.
Austin se vio obligado
a tomar partido. Ya no
veía futuro en que la
Texas angloamericana
formara parte de
México. Así que animó
a hacer la guerra contra
México. Quería una Texas
independiente.

COME AND TAKE IT

la bandera que las mujeres de Gonzáles hicieron ondear sobre el cañón

La Revolución de Texas
Los primeros disparos

El presidente mexicano Santa Anna quería reforzar el gobierno mexicano. También deseaba quitarles poder a los estados. Los texanos no estaban de acuerdo. Santa Anna estaba privándolos de libertades.

Santa Anna se enteró de la derrota mexicana en Anáhuac. Estaba convencido de que los colonos debían irse. Planeó librar a Texas de todos los colonos estadounidenses. Antes, ordenó que el ejército debía **desarmar** a las milicias.

México había dado a los colonos de Texas de Gonzáles un cañón para hacer frente a los indígenas americanos. El ejército mexicano ordenó a los texanos que lo devolviesen. Estos se negaron.

Más de 100 soldados mexicanos fueron a Gonzáles para tomar el cañón. La crecida del río Guadalupe los detuvo. En la otra orilla, 18 texanos estaban listos para la batalla.

En la mañana del 2 de octubre de 1835 los voluntarios texanos de Gonzáles atacaron a los mexicanos. Un oficial del ejército mexicano ordenó a los texanos que devolvieran el cañón. Pero estos señalaron el cañón a sus espaldas y dijeron: "¡Vengan por él!". Los texanos ganaron la batalla de Gonzáles. La **Revolución** de Texas había comenzado.

No estaban solos

A otros estados mexicanos también les indignaba que Santa Anna quisiera quitarles sus libertades. Como Texas, otros estados declararon su independencia de México. Durante un tiempo hubo una República de Yucatán y una República del río Grande.

Formar un ejército

El ejército de voluntarios texanos derrotó a los mexicanos en la batalla de Gonzáles. Pero los texanos sabían que necesitaban un ejército de verdad para ganar la guerra por la independencia. Eligieron a Austin para dirigir al ejército *texian*.

el cañón que realizó el primer disparo de la Revolución de Texas

Lucha feroz

Austin dirigió al nuevo ejército *texian* a lo que hoy se conoce como San Antonio. Allí ganaron otra batalla. Los voluntarios *texian* y **tejanos** se trasladaron a una antigua misión llamada *El Álamo* en diciembre de 1835. Enviaron a Austin a Nueva Orleans, donde actuó como **comisario** o agente ante Estados Unidos.

la batalla de El Álamo, 1836

El general Santa Anna y sus tropas sorprendieron a los texanos al llegar a San Antonio el 23 de febrero de 1836. El ejército mexicano atacó El Álamo. Unos 150 *texians* y tejanos defendieron El Álamo con valor durante 13 días.

El 6 de marzo las tropas mexicanas entraron en El Álamo. Treparon por los muros y volaron las puertas. Los *texians* y los tejanos lucharon hasta la muerte. Santa Anna mató a los sobrevivientes.

la masacre de Goliad

Pocas semanas después el ejército *texian* estaba listo para vengarse de las tropas de Santa Anna. En la batalla de San Jacinto los *texians* atacaron por sorpresa a las tropas mexicanas. Las derrotaron en solo 18 minutos. Unos 630 soldados mexicanos murieron y 730 fueron capturados. Solo murieron nueve *texians*.

Santa Anna fue capturado al día siguiente y obligado a firmar un tratado de paz. ¡Texas era independiente!

"Recuerden Goliad"

En marzo de 1836 las tropas mexicanas y las texanas se enfrentaron varias veces cerca de Goliad. El ejército mexicano derrotó a los *texians* y llevó a los sobrevivientes a Goliad. Los encarcelaron. Santa Anna ordenó que los matasen.

El 27 de marzo unos 400 soldados texanos fueron asesinados en lo que se conoce como la **masacre** de Goliad. Este evento motivó mucho a los voluntarios texanos. Querían vengar a sus vecinos caídos. Cuando cargaron contra el ejército mexicano en San Jacinto, gritaron: "¡Recuerden Goliad!".

El padre de Texas

Austin seguía en Nueva Orleans cuando supo que Texas se había independizado de México. Volvió a Texas de inmediato.

Austin no estaba seguro de querer ser presidente de Texas. Pero decidió que lo sería si los texanos lo elegían. Dos semanas antes de las elecciones Sam Houston decidió presentarse también.

Houston era un héroe de guerra. Había llevado al ejército texano a la victoria final de la Revolución de Texas. Cuando se hizo el recuento Houston tenía 10 veces más votos que Austin. Austin se convirtió en secretario de Estado de Texas. Debía ayudar a Texas en sus relaciones con otros gobiernos. Dada su fama de pacificador, era el trabajo perfecto para Austin.

Stephen F. Austin

estatua en honor a Austin cerca de Angleton, Texas

STEPHEN F AUSTIN
FATHER OF TEXAS

En diciembre Austin estaba trabajando en el nuevo capitolio de Texas. Parecía que se había resfriado. Sin embargo, resultó que tenía **neumonía**. Llamaron a los médicos, pero era demasiado tarde. Austin murió el 27 de diciembre de 1836.

Cuando Houston se enteró de la muerte de Austin, dijo: "El padre de Texas ha fallecido. El primer pionero de lo salvaje nos ha dejado".

Recuento de votos

Tres hombres se presentaron como candidatos a presidente en las elecciones de la nueva República de Texas en 1836. Eran Stephen F. Austin, Samuel Houston y Henry Smith. Houston consiguió la mayoría de los votos de los soldados. Obtuvo 5,119 votos. Henry Smith obtuvo 743 votos y Austin, 587.

Herencia viva

La importancia de Austin en la historia de Texas es evidente debido a las instituciones que hoy llevan su nombre. Desde su muerte dos universidades, una ciudad y un condado se han llamado Austin. También se erigieron estatuas en honor de la contribución de Austin a la historia de Texas.

Glosario

angloamericanas: personas blancas descendientes de europeos

colonia: país o área bajo el control de otro país; grupo de personas que viven ahí

comisario: intermediario o persona que representa a una organización

concesión de tierras: contrato que da tierras en propiedad

constitución: escrito que contiene las leyes fundamentales de un estado o país

crisis económica: período en que una economía se ve afectada por el desempleo, la pobreza y poco rendimiento

derogar: anular oficialmente una ley

desarmar: despojar a alguien de sus armas

ejecutivo: sección del gobierno que se encarga de aplicar las leyes

emprendedores: personas que emprenden su propio negocio

empresario: persona que recibía tierra de parte del gobierno mexicano a cambio de que estableciera un asentamiento y reclutara a gente para que viviera en él

expulsaron: echaron permanentemente de un lugar

hermandad: asociación social de hombres

inmigración: acto de mudarse a un país nuevo

innovador: que hace algo nuevo o de una forma novedosa

jefe de correos: persona a cargo de la oficina de correos

judicial: sección del gobierno que se encarga de hacer cumplir las leyes

labor: parcela de terreno que mide 177 acres, otorgada para cultivos

legislativo: sección del gobierno que se encarga de redactar las leyes

legua: parcela de terreno que mide 4,428 acres, otorgada para pastoreo de ganado

masacre: asesinato de muchas personas

milicias: grupos de soldados civiles

neumonía: infección grave de los pulmones que dificulta la respiración

oponentes: que están en contra de otras personas

rebelión: resistencia abierta al gobierno de uno

república: sistema político en el que la gente elige a sus representantes para que emitan leyes en su nombre

revolución: acto de derrocar y remplazar a un gobierno con otro

rituales: actos o acciones que se realizan en una ceremonia

provecho: obtener dinero en los negocios

tejanos: residentes de Texas nacidos en México

texians: personas que vivían en la Texas mexicana entre 1821 y 1836

Índice

Arkansas, 7

Austin, Mary, 4–5

Austin, Moses, 4–6, 8–9

banco de San Luis, 6

batalla de Gonzáles, 25

batalla de San Jacinto, 27

Bradburn, Juan Davis, 21

católica romana, 13, 17, 19

convención de 1833, 21–22

constitución, 16–18, 23

De León, Martín, 9

disturbios de Anáhuac, 21, 24

Edwards, Haden, 14–15

ejército texano, 26–28

El Álamo, 26

empresario, 9, 13–14, 20

Escandón, José de, 9

esclavitud, 17, 20–21

Franklin, Benjamin, 19

Gonzáles, 24–25

Houston, Sam, 28–29

Ley del 6 de abril de 1830, 20–22

Luisiana, 8, 15

masacre de Goliad, 27

masones, 18–19

Massanet, Damián, 9

Mier y Terán, Manuel de, 21

Misuri, 4–7

Nueva España, 8

Nueva Orleans, 26, 28

Pánico de 1819, 6–7

primeros 300, 11

Rangers de Texas, 15

rebelión de Fredonia, 14–15

Revere, Paul, 19

Revolución de Texas, 24–25, 28

río Brazos, 10–11

río Colorado, 10–11

río Guadalupe, 25

San Antonio, 10, 26

Santa Anna, Antonio López de, 22, 24–27

secretario de Estado, 28

Seguín, Juan Erasmo, 9

Smith, Henry, 29

tejanos, 26

texian, 11, 17, 26–28

Victoria, Guadalupe, 16–17

Washington, George, 19

¡Es tu turno!

Stephen F. Austin llevó a los primeros colonos angloamericanos a Texas en 1821. Trabajó mucho para que la colonia fuese un éxito. Para proteger a los colonos de los asaltos de los indígenas americanos, organizó un grupo de 10 voluntarios. Estos vigilaban la frontera y defendían la colonia. Este nuevo cuerpo se denominó los *Rangers* de Texas.

Las 10 mejores de Austin

Crear los *Rangers* de Texas fue una de las mejores ideas de Stephen Austin. Haz una lista con las 10 mejores ideas de Austin. Justifica tu elección a partir de los datos del texto.